ALPHAPLUS
KOMPAKT

**Übungsheft Alphabetisierungskurs
für Zweitschriftlernende** | Deutsch als Zweitsprache

Peter Hubertus, Vecih Yaşaner

1 A M L

I i —

/\ /\

E

L

ma   am

la   Amal

Mama   Lama

la	ma	La	am	al	am	al
lala	mala	Lama	Alam	Amal	lama	mala

Ma	Am	ma	La	la	Al
Mam	Ama	mal	Lam	lal	Alm
Mama	Amal	mala	Lama	lala	Alma

Mama	Lala	Lama	Lala	Ama
Amal	Malam	Alam	Mamal	Amam
lala	lama	mala	Alma	Amla

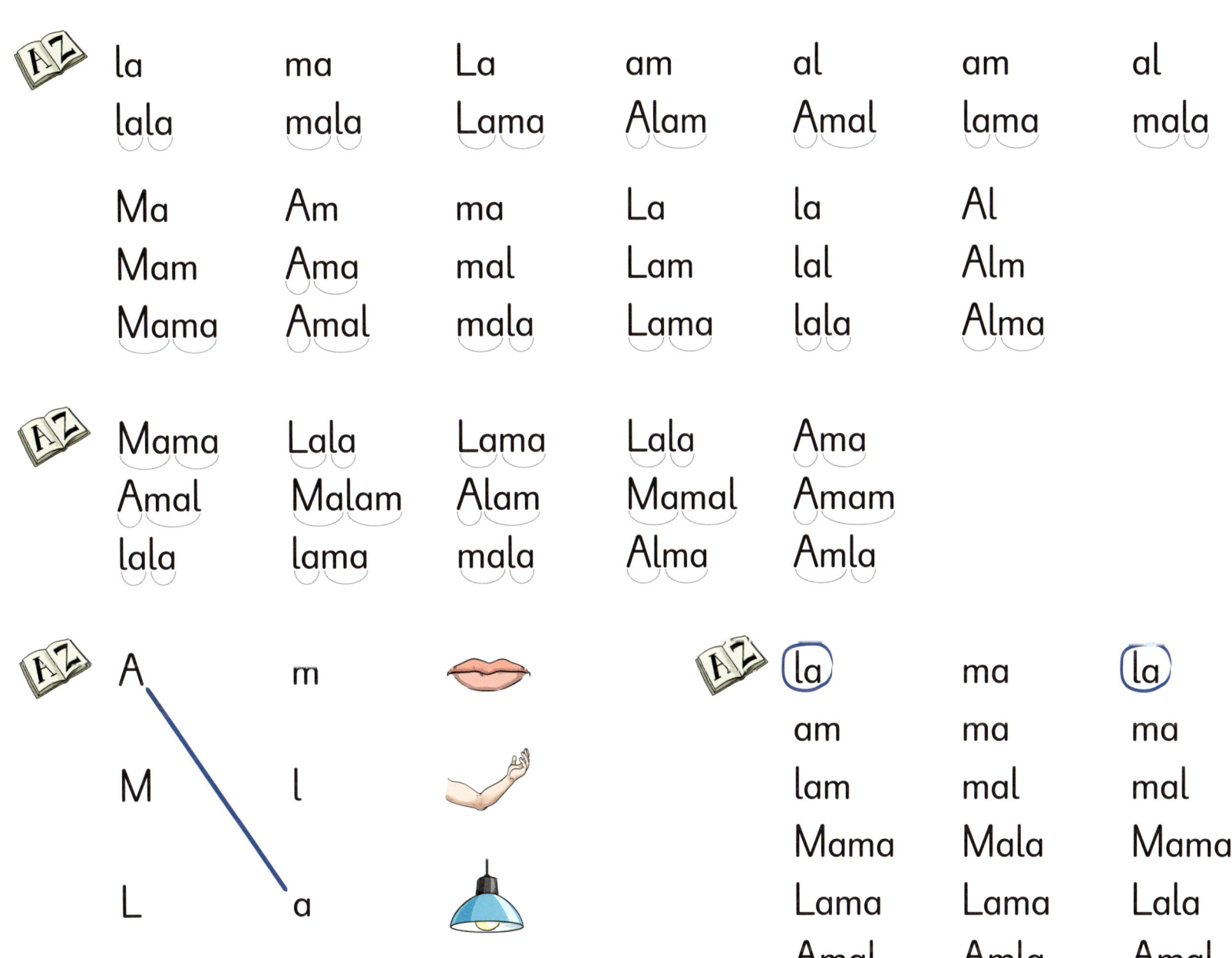

la	ma	la
am	ma	ma
lam	mal	mal
Mama	Mala	Mama
Lama	Lama	Lala
Amal	Amla	Amal

A   M   L

Ala

Lama

Mama

Amal

Amal   Mama   Lama
Mamla Amal LalmLamalMalalamalMamalammlMAmallmamalLalaamm
LAmallalaMamalamaLama

A   M   L

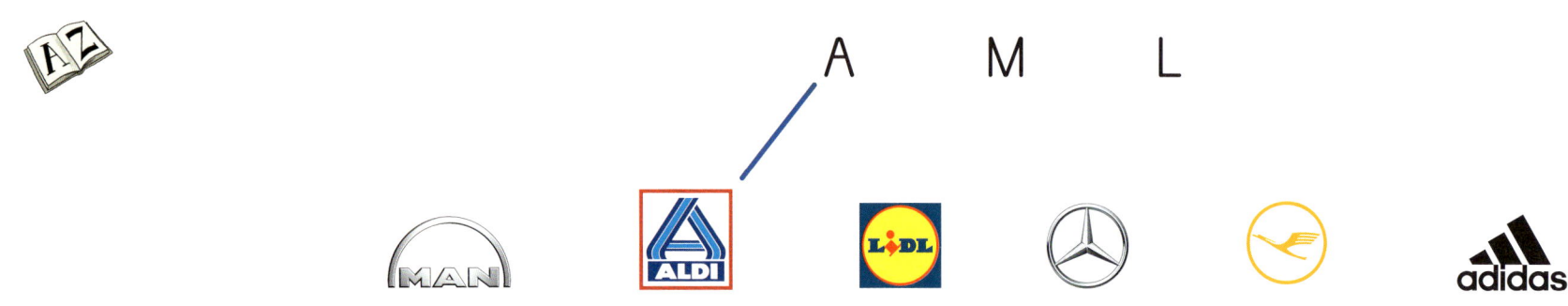

Das kann ich!

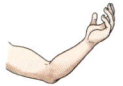 der Arm

 der Mund

 die Lampe

 der Apfel

 die Ananas

 die Banane

 der Salat

 die Melone

 die Tomate

 das Salz

 die Salami

 die Marmelade

 die Milch

 sehr gut

 gut

 es geht

 schlecht

 sehr schlecht

 Guten Tag!

 Hallo!

 Auf Wiedersehen!

Tschüss!

5

2 E S R

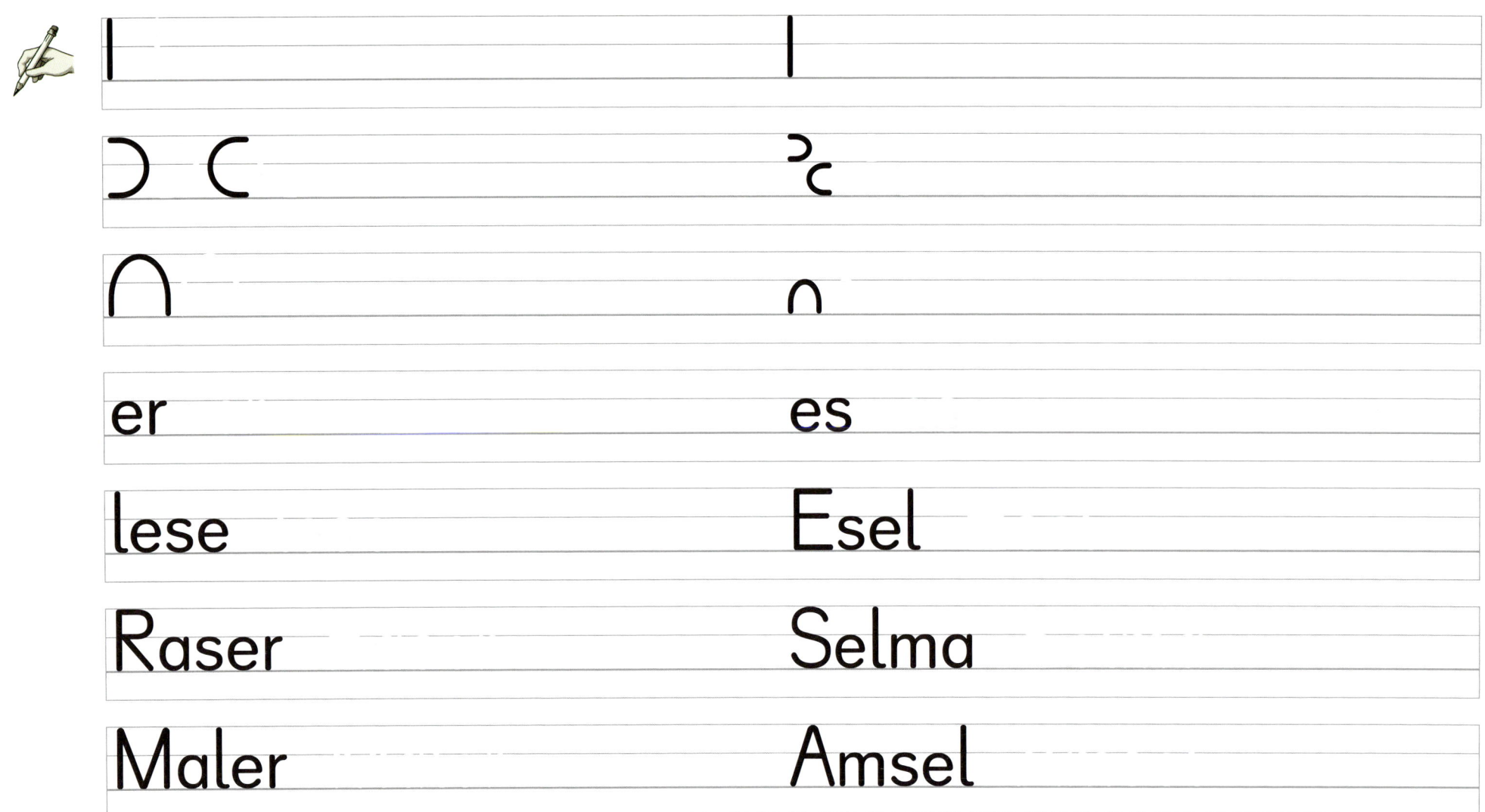

se	re	Se	Re	es	er	Es	Er
sese	rere	Sere	Rese	esre	erse	Eser	Eres
sa	Es	re	er	Re	Se	El	Er
sal	Ese	res	era	Rem	Sesse	Elle	Erl
salam	Esel	resa	eram	Rema	Sessel	Eller	Erle

Mama	als	lese	Rama	Amsel	Esra	Masse	marmela
rase	mal	male	Maler	Leser	Sessel	Meer	salam

R ☐ m E ☐ e S ☐ r
☐ e   ☐ a   ☐ s
☒ r   ☐ r   ☐ e

A ☐ a M ☐ s L ☐ e
☐ r   ☐ l   ☐ l
☐ m   ☐ m   ☐ r

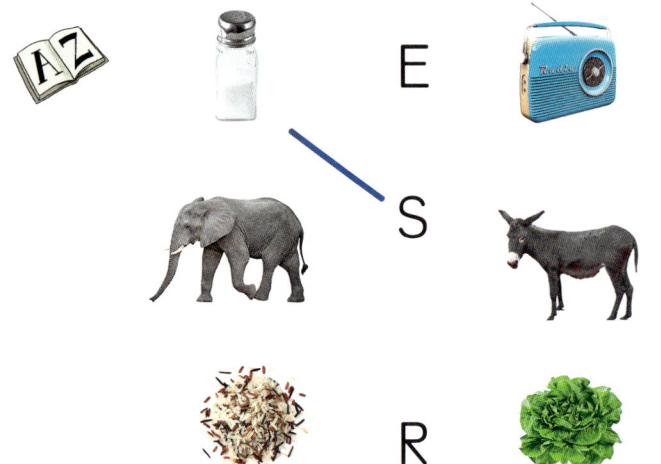

E
S
R

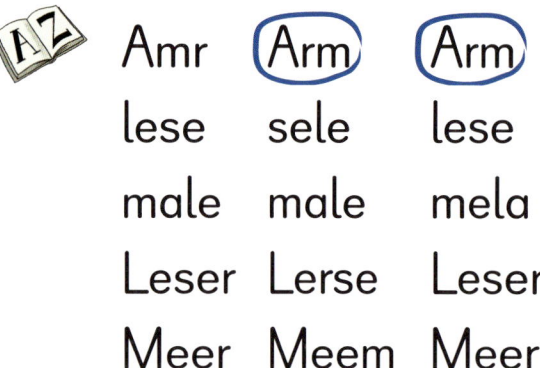

Amr	(Arm)	(Arm)	Salem	Selma	Selma
lese	sele	lese	sare	rase	rase
male	male	mela	Mars	Mars	Masr
Leser	Lerse	Leser	Asmel	Amsel	Amsel
Meer	Meem	Meer	Maler	Malre	Maler

Arm   Esra

Leser

Sessel

Maler   esse   Aral   Arm   Meer

MalA(esse)ralMalerressAralessealmArmaessaAlraMaMalerararaMeerssem
MelarAralArellemessArmMemMeeral

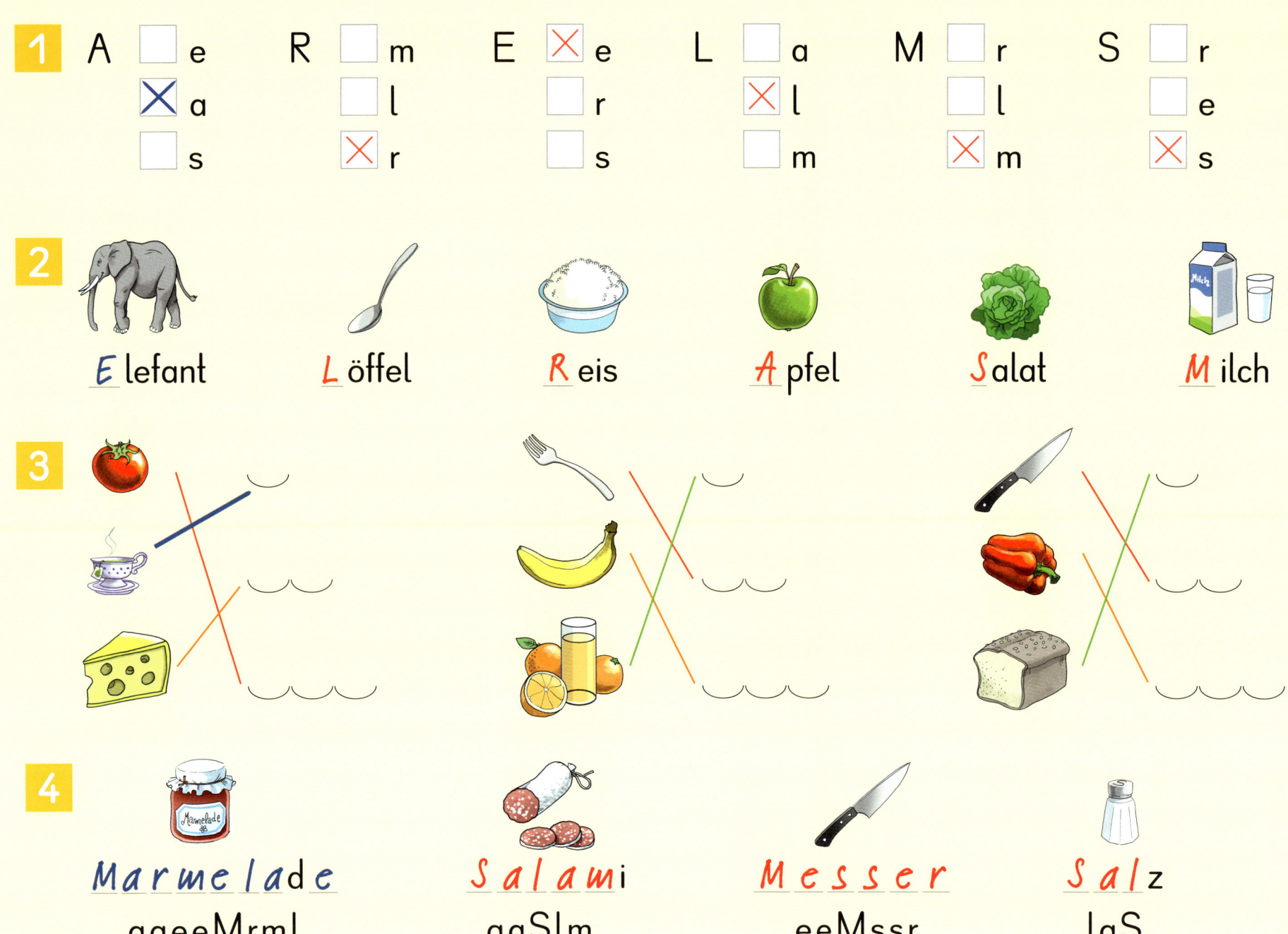

Das kann ich!

der Arm   der Esel   das Messer

 der Elefant

 die Ente

 das Radio

 das Wasser

 der Saft

 der Käse

 der Reis

 das Brot

 die Butter

 der Paprika

 der Kaffee

 die Schokolade

 der Tee

 die Pizza

 die Gabel

 der Löffel

 essen

 trinken

 sprechen

 der Koch

 der Verkäufer

 die Lehrerin

 die Hausfrau

 ja

 nein

3 O N D

No	do	Ro	So	mo	lo	Da	ne
Nono	dodo	Roso	Soro	molo	Lomo	Dane	neda

R	Na	ro	Da	Ro	De	Mo	La
Ra	Nas	ros	Dam	Rom	Deo	Mon	Lan
Rad	Nase	rosa	Dame	Roman	Deos	Mond	Land

Leder	Melone	Dom	Mandel	Oma	malen	Masern	lesen
normal	essen	Mandeln	Melonen	Dame	Dose	Marmelade	

Oma   Nase

Dose   Mond

Melone

Oma malen essen rosa Dame Rom
Rad Land Leder Nase Norma den
Melone das Tomate Dco Mond Marmelade
Norden Arm lesen Arme Sonne oder
Made Dorn Masern Dose Nadel Rosen

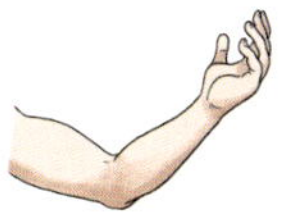

☐ Ram ☐ Armelade ☐ esesn ☐ Lemone
☒ Arm ☐ Marmelade ☐ esen   ☐ Melone
☐ Mar ☐ Malemade ☐ essen ☐ Molene

a̶		r		N			e	
R			L		D			O
A̶	d		s			m		
E		o		S	M		n	l

A								
a								
A	E	O	M	N	L	S	R	D
a	e	o	m	n	l	s	r	d

Alan und Lea malen.

Amal und Leon essen Melone.

Ron und Lara essen Marmelade.

Adam und Esra lesen.

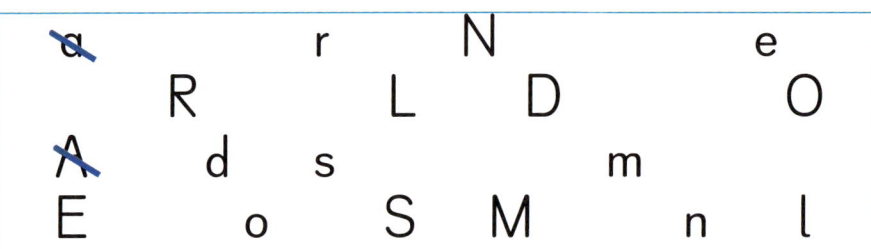

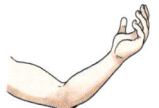     

___ __t_ __h_ ___ ___ __i_

mAr rEnle noS saNe nlsee odRa

Das kann ich!

die Ananas	die Melone	die Marmelade	die Dose	
die Oma	die Nase	essen	lesen	malen

	die Familie		die Schwester		das Ohr
	der Opa		das Kind		verheiratet
	die Eltern				ledig
	der Vater				geschieden
	die Mutter				
	die Tochter				
	der Sohn				
	der Bruder				

4 I F G

Fa	fe	fo	fon	fam	Fes	Far	Fama
Gi	go	ge	ga	Gel	gar	Gala	Gigi
li	ni	di	ri	Si	im	in	Siri

Ofen	Igel	Erde	Dorf	Film	Sofa	gern	ledig
Senf	also	Form	reden	grillen	Sommer	Frage	morgen
Ferien	gerade	Garnele	Gardinen	Limonade			

| lang | Ding | singen | Finger | Ring | Anfang | | |
| Gas | Glas | Gras | Golf | Geld | Gold | | |

Ich lese gern.
Und du?

Ich singe gern.
Und du?

Ich grille gern.
Und du?

Ich esse gern Salami.
Und du?

Igel   ledig   Glas   Film   essen   fragen   Soia   sagen   Arm   Familie   Nase

RsIgelaRToIgelksbGiMledigGlasapNcFilmsFjkessenadilfragenGlosNMF
SoiasagenAhuilArmugFamiliefMNasebneim

Igel   Film

Glas   gern

ledig   singen

☐ Re   ☐ De   ☐ Gi   ☐ Ma   ☐ Na   ☐ Im
☒ Ra   ☐ Se   ☐ Ge   ☐ Me   ☐ Ma   ☐ En
☐ La   ☐ Do   ☐ Ga   ☐ Ne   ☐ Ne   ☐ In

 ☐ Falimie ☐ Fimalie ☒ Familie

 ☐ Igle ☐ Igel ☐ Igele

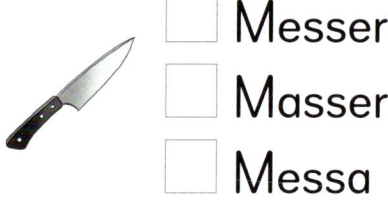 ☐ Messer ☐ Masser ☐ Messa

 ☐ rillen ☐ grillen ☐ grellin

A											
a											
A	*E*	*O*	*I*	*M*	*L*	*S*	*R*	*N*	*D*	*F*	*G*
a	*e*	*o*	*i*	*m*	*l*	*s*	*r*	*n*	*d*	*f*	*g*

se • se • ~~lo~~ • Do • Na • ~~Me~~ • ~~ne~~

sen • es • len • le • ma • sen

 Melone

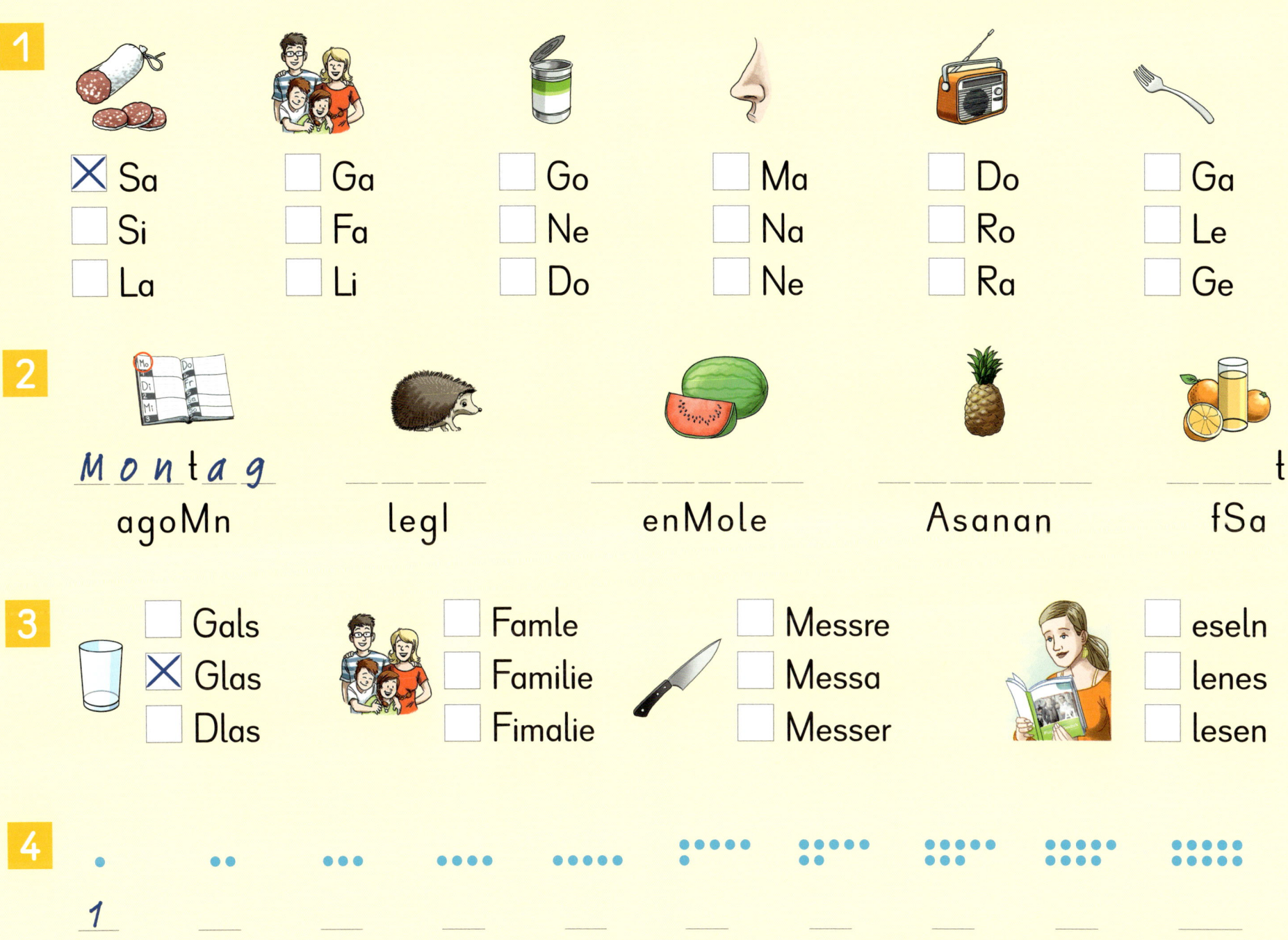

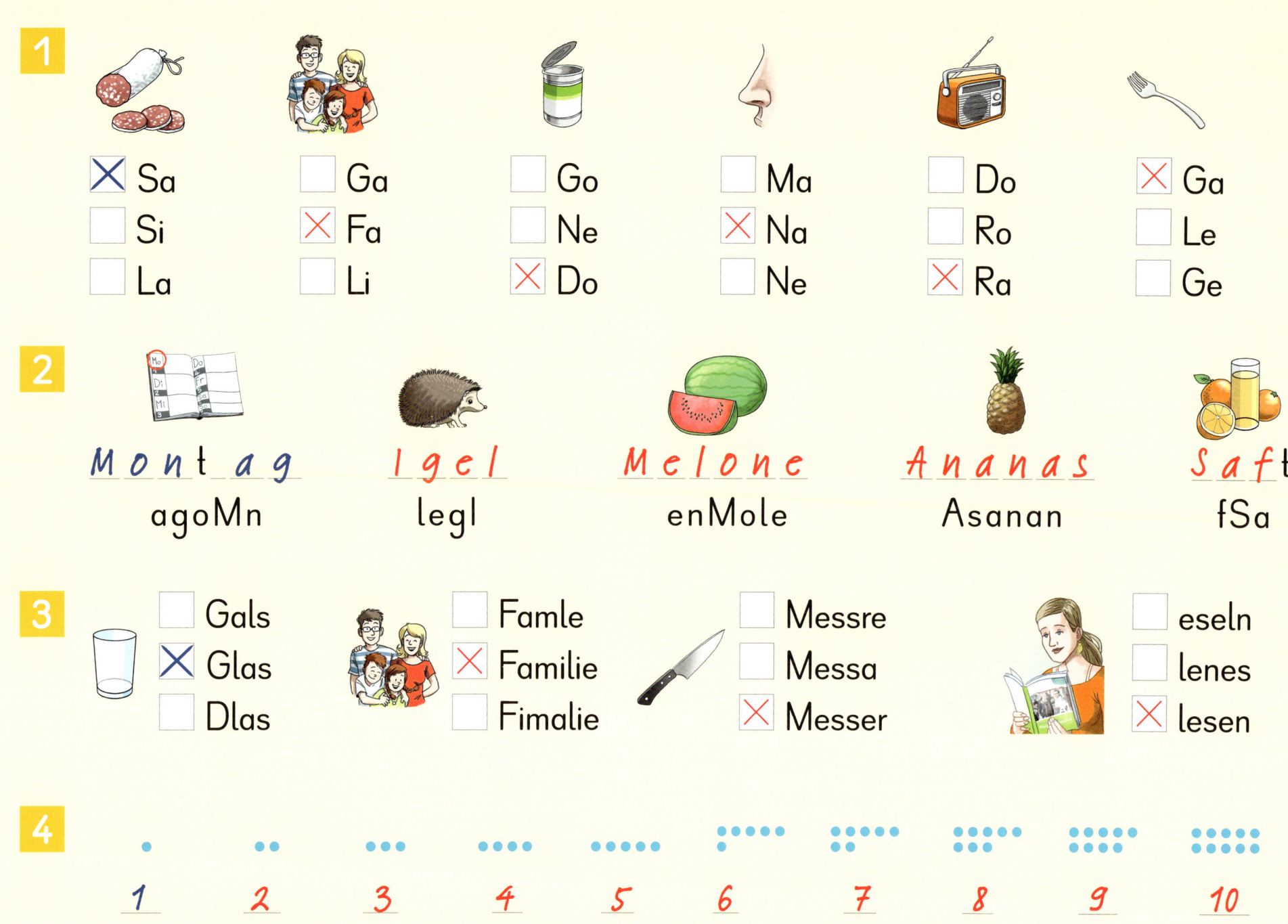

Das kann ich!

| das Glas | die Familie | der Film | die Firma | die Insel | die Salami | lesen | malen | der Igel |
| das Radio | grillen | singen | ledig | lernen | treffen | | | |

	kochen		die Musik		Montag
	tanzen		das Kino		Dienstag
	spazieren gehen		der Freund		Mittwoch
	telefonieren		der Fuß		Donnerstag
	Musik hören		das Internet		Freitag
	Fußball spielen				Samstag
	ins Kino gehen				Sonntag
	im Internet surfen				
	Freunde treffen				

5   U B T

Tee	Saft	Obst	Brot	Ort	Rest	ernst	gut
Bruder	Nummer	leben	unten	turnen	oben	Gabel	Teller
Adresse	Elefant	Telefon	Internet	Formular	anrufen	Tomate	Donnerstag

Lust	Last	List
Ente	Ernte	ernten
und	rund	Runde
rot	Brot	Brote
lesen	leben	loben

Mutter
Telefonnummer
Marmelade
Tag
Elefant

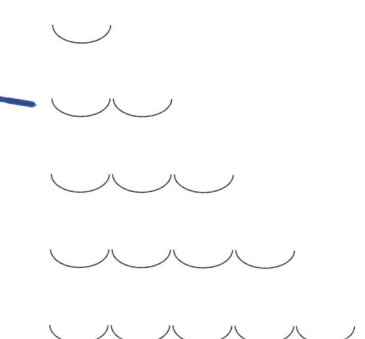

d   Mun___   Lan___   Aben___   Gel___
t   Bro___   Sala___   Or___   gu___   Obs___

- ■ Guten Morgen, Ali.   ■ Guten Tag, Uta.   ■ Guten Abend, Barbara.
- ● Guten Morgen, Lisa.   ● Guten Tag, Anton.   ● Guten Abend, Gabi.

ettMur _____ naBaen _____ resseM _____ nertetln _____ Mdnu _____

 _____ mit _____ und _____

_____ und _____

_____ p _____ und _____ und _____

am _____ und _____

U h r _____ _____ _____ _____

Montag   Elefant   Internet   Mutter   Banane

Ente   Salat   **der**   **das**   d**ie**   Tomate   Messer

Adresse   Gabel   Bruder   Radio   Nase

Gert Maler   Das ist der _____.
Am Ufer 5   Das ist die _____.
10115 Berlin   Das ist der _____.
Deutschland   Das ist das _____.
+49 30 5296619   Das ist die _____.

Mein Name ist _____
Meine Adresse ist _____
Meine Telefonnummer ist _____
Das ist meine Unterschrift: _____

Das kann ich!

das Internet	das Telefon	die Adresse	das Land	die Nummer	der Ort	die Telefonnummer
die Gabel	der Salat	die Tomate	die Butter	das Brot	der Tee	der Saft
die Eltern	die Mutter	der Bruder	der Mund	das Bild	der Elefant	das Obst
Montag	Donnerstag	Samstag	Sonntag			
Guten Morgen!	Guten Tag!	Guten Abend!		gut	bitte	

 die Stadt   die Unterschrift

 die Straße   die Uhr

 die Postleitzahl    das Handy

6 Ei K W

Kurs	kalt	Kind	Wind	wir	Ei	Reis	Wein
Eltern	Mutter	Kinder	Onkel	Tante	Winter	Wolke	Regen
weinen	legen	kosten	wissen	arbeiten	kommen	grillen	warten

ein	kein	nein	sein	Bein	Teil	Beil	weil
was	wo	wer	wann	bist	kannst	kommst	weinst

Saft	Eis	Glas	Tag	Salat
Birnensaft	Eiskaffee	Weinglas	Freitag	Eiersalat
Tomatensaft	Bananeneis	Wasserglas	Donnerstag	Gurkensalat

Die Kinder trinken   Brot mit Wurst und Tomatensalat.
Meine Mutter lebt   um drei.
Die Eltern essen   ein Glas Rotwein.
Der Mann trinkt   Saft und Wasser.
Tarik und Karim kommen   in Marokko.

 _____ und _____   _____ und _____

genMro    dbAen    ttMuer  Kndi

_____ und _____   _____ und _____

Simlaa    rstWu   Wnei    sserWa

- Wann arbeitest du, Katarina?
- Am Freitag und am Donnerstag.
- Am Morgen oder am Abend?
- Am Abend.

- Wann beginnt der Kurs?
- Am Montag um 9.
- Und wo ist der Kurs?
- Die Adresse ist: Markt 7.

1 Der Kurs beginnt um 8 Uhr.
2 Die Kinder essen gern Eis.
3 Elena trinkt gern Wasser.
4 Es ist halb drei.

	malen	essen	lesen	surfen	trinken	fragen	grillen
die Telefonnummer			x				
die Lehrerin							
einen Tee							
die Wurst							
im Internet							
ein Brot mit Tomate							
das Bild							

Morgen|essen|wirBrotmitWurstundTomatensalat.

Morgen essen

AlitrinkteinGlasWasserundAmaltrinktTee.

MeineAdresseistUlmerWeg2undmeineTelefonnummerist533555.

1
Telefonnummer — Kleiner Weg 8
Name — Marta Engel
Ort — 05726 333
Adresse — Bonn

(Adresse ↔ Kleiner Weg 8)

2
Mutter   der ☐   das ☐   die ☒
Kaffee   der ☐   das ☐   die ☐
Kind   der ☐   das ☐   die ☐
Tag   der ☐   das ☐   die ☐

3
Sa ☒   Do ☐   Gi ☐   Wes ☐   Mo ☐
Si ☐   Lo ☐   Ki ☐   Was ☐   Mu ☐
La ☐   To ☐   Ke ☐   Fas ☐   Mi ☐

4
Gabel   _____   _____   _____   3
_____

5
Mutter — Name — danke — Mund — essen
bitte — Kind — trinken — Adresse — Nase

(Mutter ↔ Kind)

29

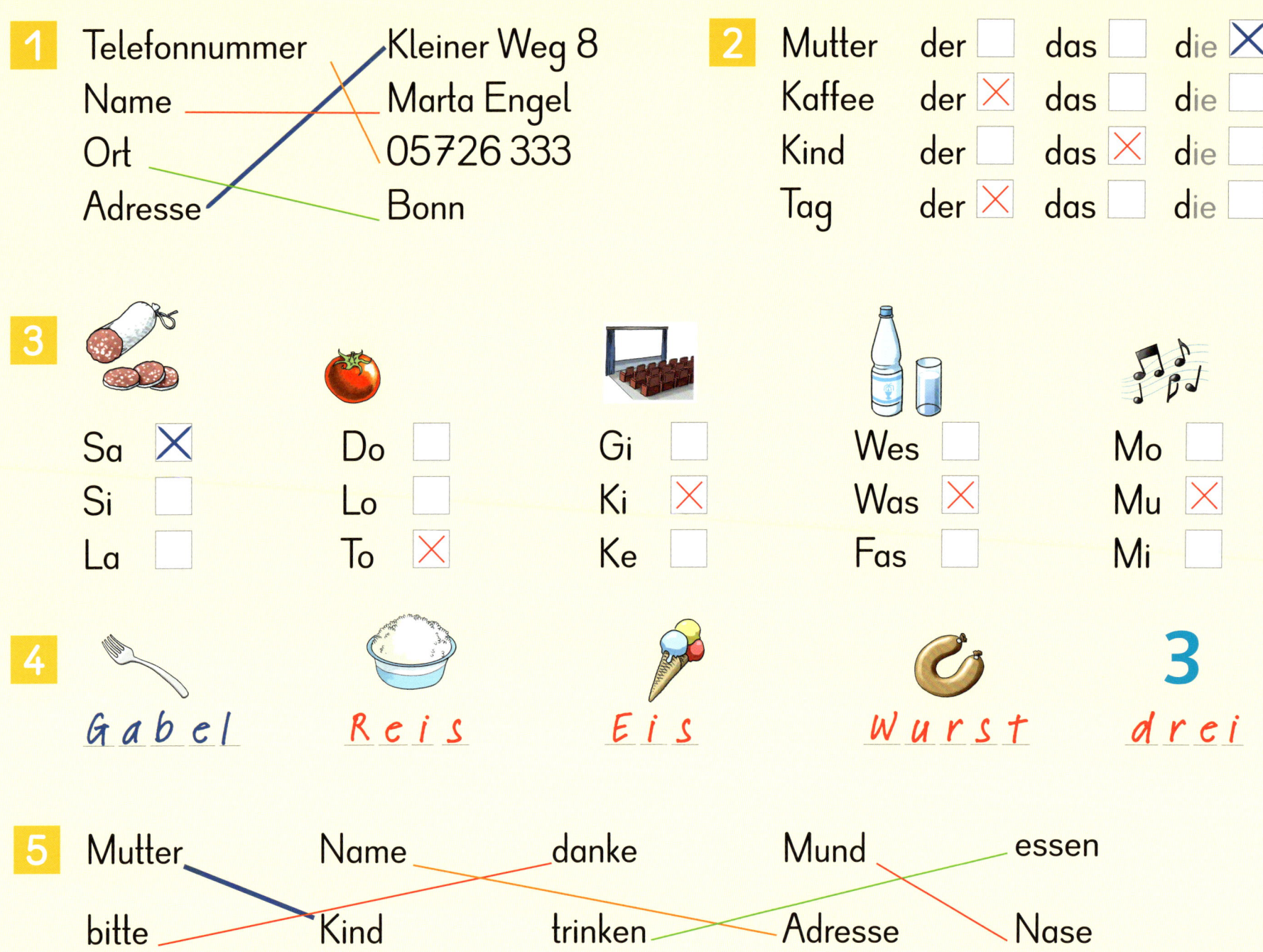

Das kann ich!

die Wurst	der Reis	der Wein	der Kaffee	das Wasser	das Eis	das Kind
die Musik	das Kino	der Mittag	die Arbeit	arbeiten	das Bein	die Gurke
wann	ein	eine	nein	danke	trinken	beginnen

 am Vormittag

 am Mittag

 am Nachmittag

 in der Nacht

 der Deutschkurs

 die Schule, der Unterricht

 die Pause

 der Kopf

drei Uhr

Viertel vor 3

Viertel nach 3

halb 3

7 Au P Z

Auto	tanzen	Pizza	Aufgabe	Zimmer	Lippe
Person	Prozent	Ampel	Zunge	Ausweis	Pilz
Paul	Zentrum	Punkt	Programm	Anzug	Suppe
kaufen	Post	Zeiger	Zug	zwei	Salz

b/B: _ein   _utter   gel_   Ga_el   ar_eiten
p/P: _ost   _ause   _a_rika   Am_el   Su_ermarkt

- ■ Ist das ein Bild?
- ● Nein, das ist kein Bild.
  Das ist eine Tafel.

- ● Ist das eine Tomate?
- ■ Nein, das ist keine Tomate.
  Das ist eine Paprika.

Zeit	Montag
Tag	Minute
Farbe	Opa
essen	Berlin
Beruf	blau
Ort	Arzt
Familie	Pizza

_____ und _____
zzaPi 🍕   torB 🍞

_____ und _____
priPaka 🫑   temaTo 🍅

_____ und _____
nsei 1   eizw 2

_____ und _____
eAug 👁   easN 👃

Fa rbe   ___ use   ___ zza   ___ ld   ___ ille   ___ li

🟥 _____   🟨 _____   🟫 _____   🟦 _____

⬜ _____ß

Bild	Tag	Mund	Lampe	Pizza
Arbeit	Bein	der — das — die	Kuli	Salz
Messer	Kurs	Brille	Auge	Pause	Abend

Nase – Auge – Mund – ~~Frau~~ – Bein – Arm
Paprika – Pilz – Kreide – Tomate – Salat
Montag – Sonntag – Freitag – Mittag – Donnerstag – Samstag
Apfelsaft – Kaffee – Tee – Wasser – Wein – Opa
tanzen – malen – zwei – grillen – lesen – surfen

aus · Frau · ~~kommt~~

■ Woher *kommt* deine _____ ?

● Sie kommt _____ Kenia.

beginnt · Kurs · Wann

■ _____ beginnt der _____ ?

● Der Kurs _____ um elf.

Paul · Opa · Wer

■ _____ ist der Mann?

● Das ist mein _____ .

  Sein Name ist _____ .

Paprika · Pizza · Was

■ _____ essen die Kinder gern?

● Die Kinder essen gern _____

  mit Salami und _____ .

Das kann ich!

der Apfel	die Pizza	das Salz	der Paprika	der Pilz
das Bild	die Tafel	der Kuli	die Brille	die Maus
die Frau	der Opa	die Farbe	die Pause	die Lampe
das Auge	der Kopf			
kaufen	tanzen	aus		
blau	braun	rot	gelb	

 der Zahn

 das Buch

 weiß

 die Zahl

 das Heft

 schwarz

 der Stift

 das Handy

 grün

 die Schere

der Radiergummi

die Tasche

8 Ä H V

AZ Hals Heft Hand Hut haben Heimat Haus Hund
ändern Äpfel Käse Männer Hände Gäste Gläser Ärzte

AZ sehen gehen nähen mähen fernsehen drehen
wohnen zählen fahren Zähne Sohn Wohnung
zahlen Zahn nehmen bezahlen zehn Lehrerin
Mehl Kohl Uhr U-Bahn weh Zahnarzt

AZ Vogel Vater verboten Volk voll vorbereiten
fahren Fernseher Film Firma fragen Familie

Vase November Vanille Villa Virus Visum
Winter Wolke Wein Wurst Wetter Wasser

AZ Hafen von Verbot vertrauen haben Vorteil Kinderhose
Eva März vergessen Herrenhut Arbeitsheft Kaufhaus zählen

_____ und _____
teraV   ttuMer

_____ und _____
rstuW   esäK

_____ und _____
pfelÄ   nennaBa

_____ und _____
heitetverra   giled

Sehr • geht • Herr • Guten

▪ _____ Tag, Frau Hofer.
  Wie _____ es Ihnen?
● _____ gut, danke.
  Und Ihnen, ____ ____ Ott?
▪ Es geht.

geht • Vormittag • November • und

Helena hat am 6. _____
Geburtstag. Am _____ geht
sie arbeiten. Um 15 Uhr ____ sie
ins Café ____ feiert mit ihrer Familie.

Eva Hänsel ist 40 Jahre alt.
Sie ist Lehrerin.
Sie ist verheiratet und hat drei Kinder.
Die Namen sind Evi, Verena und Heiko.

Name: _____
Alter: _____
Familienstand: *verheiratet*
Beruf: _____

- ■ Woher kommt du?
- ■ Wo wohnst du?
- ■ Hast du Kinder?
- ■ Bist du verheiratet?
- ■ Wann bist du geboren?

- • Nein, ich habe keine Kinder.
- • Am 3. November 1998.
- • Ich komme aus Somalia.
- • Ich wohne in Hamburg.
- • Nein, ich bin ledig.

Mein Name ist _____.

Ich bin _____ Jahre alt.

Ich habe am _____ Geburtstag.

Ich bin _____ und habe _____ Kinder.

Mein Lernpartner / Meine Lernpartnerin:

Name: Das ist _____.
Alter: _____ ist _____.
Geburtstag: _____ hat am _____.
Familienstand: _____ ist _____.
Kinder: _____ hat _____.

1 | Vorname · ~~Lehrerin~~ · März · zehn · verheiratet · Sohn |

Frau Mälzer ist _Lehrerin_.
Sie ist _____ und hat einen _____.
Sein _____ ist Hannes.
Er ist _____. Er hat am 3. _____ Geburtstag.

2 Vormittag – Abend – Hausaufgabe – Mittag – Morgen
dreizehn – hundert – und – zwanzig – zwei – drei
Opa – Vater – geboren – Mutter – Bruder – Kind
Vogel – Geburtsort – Ente – Elefant – Esel – Maus

3

_ _

4 erster November   erster August   elfter Dezember   elfter April   erster Oktober

11.12.   1.10.   11.4.   1.11.   1.8.

1 Vorname · ~~Lehrerin~~ · März · zehn · verheiratet · Sohn

Frau Mälzer ist *Lehrerin*.
Sie ist *verheiratet* und hat einen *Sohn*.
Sein *Vorname* ist Hannes.
Er ist *zehn*. Er hat am 3. *März* Geburtstag.

2 Vormittag – Abend – ~~Hausaufgabe~~ – Mittag – Morgen
dreizehn – hundert – ~~und~~ – zwanzig – zwei – drei
Opa – Vater – ~~geboren~~ – Mutter – Bruder – Kind
Vogel – ~~Geburtsort~~ – Ente – Elefant – Esel – Maus

3 *Auge*   *Käse*   *Vogel*   *Buch*   *Pilz*

4 erster November   erster August   elfter Dezember   elfter April   erster Oktober

11.12.   1.10.   11.4.   1.11.   1.8.

Das kann ich!

der Monat	der Februar	der März	der April	der Mai	der August	der September
der Oktober	der November	der Dezember	der Vorname	der Sohn	der Vater	der Geburtsort
der Geburtstag	das Geburtsdatum	die Hose	das Ohr	der Zahn	der Arzt	
die Ärztin	der Vormittag	der Vogel	der Käse	die Hand	die Äpfel	
verkaufen	sehen	gehen				
haben	geboren sein	verheiratet	hundert	tausend	alt	

 der Januar

 der Juni

 der Juli

9 Ö J Sch

Öl	Köln	Löffel	öffnen	Möbel	Schal	Schule
schneiden	Schokolade	Fisch	Fleisch	Tasche	Maschine	schön
Jahr	Januar	Juli	Jogurt	Juni	Jaguar	ja

Jasmin ist 16 Jahre alt. Sie wohnt in Köln. Sie geht zur Schule, in die 10. Klasse.
Jasmin hat am 1. Juni Geburtstag. Jasmin hat eine Schwester. Ihr Name ist Julia.
Sie ist 14 Jahre alt und geht in die 8. Klasse.
Julia und Jasmin hören gern Musik und singen gern.

~~re~~ · fel · la · ~~Sche~~ · re · Löf · Jo · de · Fla · Scho · Möh · gurt · ko · sche

Schere

✏️ _____ und _____   _____ und _____
   fföLel 🥄   aeGbl 🍴   redBru 👫   sweSchter

   _____ und _____   _____ und _____
   aj 😀   einn 😐   iFsch 🐟   leiFsch 🥩

✏️ ■ Was|darf|es|sein?   ■ Was darf _____
   • Ichnehmeeinkilofleisch   • Ich _____
     und500GrammWurst.   _____
   ■ Istdasalles?   ■ _____
   • Jadasistalles.   • _____

✏️ der Apfel

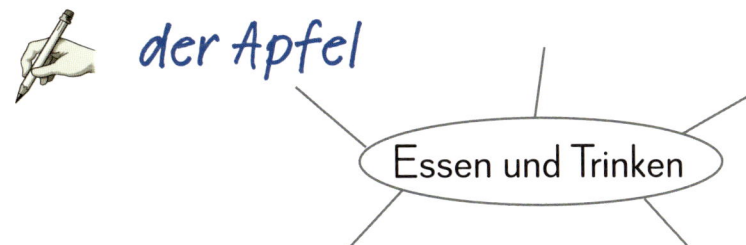

Essen und Trinken

☐ Nudln ☐ Flashe ☐ Olivenäl ☐ Jogurt
☒ Nudeln ☐ Falasche ☐ Oliwenol ☐ Iogurt
☐ Nuteln ☐ Flasche ☐ Olivenöl ☐ Jogureth

● Was _____ die Schokolade? ■ 1,19 €. geht · hört · kostet

Jasmin kauft eine Melone und zwei _____ Saft. Tafeln · Flaschen · Kilo

Der Film beginnt _____ 19 Uhr. und · mit · um

Wann _____ der Englischkurs? beginnt · arbeitet · hat

Was darf es sein?   Wir haben leider keinen Jogurt und kein Öl.
Was kostet der Apfelsaft?   200 Gramm Salami, bitte.
Haben wir Jogurt und Olivenöl?   1,39 € die Flasche.
Was kauft Frau Höger?   Obst und Eier.

Das kann ich!

etwas	der Januar	der Juni	der Juli	die Unterschrift		
die Schwester	die Schule	die Tasche	die Schere	die Birne	die Kirsche	
das Öl	das Olivenöl	der Mais	die Kiwi	der Feldsalat	die Möhre	die Schokolade der Emmentaler
der Jogurt	der Fisch	das Fleisch	die Nudeln	die Leberwurst	das Rindfleisch	die Kirschmarmelade
das Gramm	das Kilo	die Flasche	der Löffel			
hören	kosten	nehmen	schreiben	kaufen		
schön	schwarz	alles	ja			

 das Brötchen    das Stück   der Euro

 die Packung    die Tüte

10 Ü St Sp

 spät   Spüle   Spanisch   Spagetti   Stadt   Staat
    üben   Tür   Brüder   fünfzehn   streiten   Stühle
    stehen   aufstehen   anstehen   verstehen   Spitze   Sport

 Musik   essen   keine Zeit   fahren
    Fahrrad   schlafen   die Schwester   verstehen
    bis 10 Uhr   fahren   zur Arbeit   haben
    Müsli   hören   Spanisch   anrufen

a nru fen   a_f_t_h_n   _b_o_e_   e_n_a_f_n   f_r_s_h_n

1 Frau Springer holt ihr Kind ab.
2 Stefan und sein Sohn lesen Zeitung.
3 Frau Gürsu isst gern Müsli.
4 Frau Müller fährt gern Fahrrad.
5 Ünal schläft bis 10 Uhr.
6 Herr Stolz kauft ein.

___ück   ___ort   ___raße   ___uhl   ___rechen

eiZungt   ümed   lisüM   dtaSt   Stfit

der Bruder

 Ich – um 6 Uhr – stehe – auf.   *Ich stehe um 6 Uhr auf.*
Ich – um 7:30 Uhr – gehe – zum Kurs.   *Ich*
Ich – um 15 Uhr – hole – ab – meine Kinder.   *Ich*
Ich – rufe – an – meine Mutter – am Vormittag.   *Ich*
Ich – sehe – fern – am Abend – gern.   *Ich*

 sieht fern • ~~fährt~~ • isst • schläft

Frau Stein *fährt* gern Fahrrad.
Herr Spangel ist müde, er_____.
Familie Müller _____ im Wohnzimmer _____.
Jürgen _____ gern Spinat mit Spiegelei.

1 | Zeitung · Abendessen · Vormittag · ~~spät~~ · Müsli · Fahrrad |

Am Samstag stehen wir _spät_ auf.
Wir trinken Kaffee, essen _____ und lesen _____.
Am _____ kaufen wir Obst ein.
Am Mittag fahren wir _____.
Um 7 Uhr essen wir _____ und dann sehen wir fern.

2

3
Ina steht — sie ein.
Am Vormittag ruft — Ina und Paul fern.
Am Mittag kauft — schläft.
Um drei holt — um halb fünf auf.
Am Abend sehen — sie ihre Mutter an.
Es ist 23 Uhr. Ina — sie ihre Söhne ab.

4
☐ Jörg ruft an seinen Bruder.
☐ Ruft an seinen Bruder Jörg.
☐ Jörg ruft seinen Bruder an.

1 | Zeitung · Abendessen · Vormittag · ~~spät~~ · Müsli · Fahrrad |

Am Samstag stehen wir _spät_ auf.
Wir trinken Kaffee, essen _Müsli_ und lesen _Zeitung_.
Am _Vormittag_ kaufen wir Obst ein.
Am Mittag fahren wir _Fahrrad_.
Um 7 Uhr essen wir _Abendessen_ und dann sehen wir fern.

2 _Sport_   _Stift_   _Jogurt_   _schreiben_   _müde_

3
Ina steht — um halb fünf auf.
Am Vormittag ruft — sie ihre Mutter an.
Am Mittag kauft — sie ein.
Um drei holt — sie ihre Söhne ab.
Am Abend sehen — Ina und Paul fern.
Es ist 23 Uhr. Ina — schläft.

4
☐ Jörg ruft an seinen Bruder.
☐ Ruft an seinen Bruder Jörg.
☒ Jörg ruft seinen Bruder an.

Das kann ich!

der Stift	die Zeitung	die Übung	die Hausaufgabe		
der Stuhl	der Sport	das Fahrrad	die Stadt		
das Abendessen	das Müsli	die Mittagpause			
müssen	wollen	aufstehen	abholen	schlafen	schreiben
anrufen	einkaufen	fernsehen	verstehen	Zeit haben	
müde	bis	für	spät	dann	

 das Frühstück    der Computer

 frühstücken

11 Äu Eu

Verkäufer	Euro	Bäume	Räume	Feuer	heute
aufräumen	Beutel	läuft	Mäuse	teuer	neu
Läufer	Leute	träumen	Häuser	Freundin	neun

- Gefällt Ihnen das Hemd?
- Ja, das Hemd gefällt mir gut.
- Und der Mantel?
- Der Mantel ist schön, aber zu teuer.
- Ja, das stimmt. Er kostet 299 Euro.

- Das Kleid ist schön. Was kostet es?
- Es kostet 60 Euro.
- Und was kostet die Tasche?
- Sie kostet 30 Euro.
- Gut, ich nehme das Kleid und die Tasche.

Was wollen Sie kaufen?
Gefällt Ihnen die Farbe?
Passt Ihnen der Mantel?
Der Mantel kostet nur 129 Euro.

Ja, Blau gefällt mir gut.
Sehr gut, das ist billig!
Einen Pullover.
Nein, er ist leider zu kurz.

das H____s   die H____ser   verk____fen   der Verk____fer

Kleidung

 *der Mantel*

~~groß~~ • billig • klein • eng • kurz • teuer • weit • lang

 _____ ↔  _____

 _____ ↔  _____

 _____ ↔  *groß* _____

 _____ ↔  _____

Die Hose _____ 49,90 Euro. | gefällt • hat • kostet |

Das Kleid ist _____ und sehr schön. | grau • rot • gelb |

Die Schuhe kosten _____. | 9,80 Euro • 90,00 Euro • 49,90 Euro |

Der Pullover ist _____. | schwarz • grün • braun |

Die Frau hat einen _____. | Mantel • Rock • Kleid |

Das kann ich!

das Hemd	der Pulli	die Schuhe	das Kleid	die Hose	der Mantel
das Kaufhaus	der Euro	der Verkäufer	die Verkäuferin		
der Freund	die Freundin	Deutschland	der Deutschkurs		
die Maus	die Mäuse	das Haus	die Häuser		
gefallen	passen	heute			
klein	billig	teuer	lang	weit	eng	kurz

 der Rock

 das T-Shirt

 zu groß

12 ch Milch   ch Buch

| ch 🥛 | rechts | Rechner | Michael | sprechen | Teppich | gemütlich |
| ch 📗 | kochen | achtzehn | machen | besuchen | Buchstabe | Mittwoch |

| Brötchen | Raucher | Geschichte | welcher | Bochum | ein bisschen | Tochter | nicht |
| Küche | Woche | rechnen | Nacht | Sprache | Nachmittag | Unterricht | acht |

Ich bin Koch. Ich suche eine Wohnung in München.
Meine Schwester und mein Bruder wohnen in München.
Ihre 2-Zimmer-Wohnung kostet 990 Euro im Monat. Das ist teuer!

Wohnung   Küche   Wohnzimmer   Bad   Herd

Balkon   der   das   die   Zimmer

Toilette   Regal   Spüle   Kühlschrank   Teppich

zu weit ↔ *zu eng*   billig ↔ _____   neu ↔ _____
groß ↔ _____   kurz ↔ _____   schlecht ↔ _____

ein Tisch und ein Stuhl

zwei Tische und zwei

- Wo wohnen Sie?   ▪ *Ich*
- Gefällt Ihnen die Wohnung?   ▪
- Haben Sie einen Balkon?   ▪
- Welche Möbel haben Sie?   ▪

- Welche Zimmer haben Sie?   ▪

- Guten Tag, mein Name ist Mohamadi. Sie haben eine Anzeige in der Zeitung.
- Ja, eine Drei-Zimmer-Wohnung.
- Ist die Wohnung frei?
- Ja, sie ist frei.
- Hat die Wohnung einen Balkon?
- Nein, leider nicht.
- Was kostet die Wohnung?
- Die Wohnung kostet 900 Euro, 1.050 Euro warm.
- Das ist zu teuer.

Wie viele Zimmer hat die Wohnung? ☐ Eins. ☐ Zwei. ☐ Drei.

Die Wohnung hat … ☐ keinen Balkon. ☐ einen Balkon. ☐ einen Garten.

Die Wohnung ist … ☐ klein. ☐ nicht schön. ☐ zu teuer.

Bochum, 2-Zi-Whg., 75 m², Kü, Bad, BLK, 680 Euro

Die Wohnung hat …

1 Milch   Buch
   _____ acht_____

2 fernsehen · arbeiten · kochen · schlafen · essen · ~~spielen~~

   Kinderzimmer spielen_____   Esszimmer   _____
   Schlafzimmer _____   Küche   _____
   Arbeitszimmer _____   Wohnzimmer   _____

3 In der Küche sind eine _____,
   zwei _____ und ein Kühlschrank.
   Herr Reuter bracht noch einen _____,
   einen _____, vier _____ und
   eine _____.

1

Milch	Buch
Teppich	acht
ich	Koch
Küche	Nacht
sechzig	Tochter

2 fernsehen · arbeiten · kochen · schlafen · essen · ~~spielen~~

Kinderzimmer	spielen		Esszimmer	essen
Schlafzimmer	schlafen		Küche	kochen
Arbeitszimmer	arbeiten		Wohnzimmer	fernsehen

3 In der Küche sind eine Spüle, zwei Schränke und ein Kühlschrank. Herr Reuter braucht noch einen Herd, einen Tisch, vier Stühle und eine Lampe.

Das kann ich!

die Wohnung	das Zimmer	das Wohnzimmer	das Schlafzimmer	das Bad	die Toilette	die Küche
der Balkon	das Kinderzimmer	das Arbeitszimmer	die Spüle	der Herd		
der Tisch	der Stuhl	der Kühlschrank	das Regal	der Schrank	das Sofa	der Sessel
der Teppich	das Bett	die Lampe	das Buch			
die Sprache	der Unterricht	der Mittwoch	der Nachmittag	die Nacht		
die Tochter	der Koch	die Köchin	die Milch	das Brötchen		
sprechen	kochen	machen	brauchen	besuchen		
warm	hinten	vorne	rechts	links	ein bisschen	
richtig	nicht	finden	suchen	die Möbel		

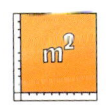 der Quadratmeter

 die Miete

13 ie C ck

Stück   viel   Café
Packung   Fieber   Rücken
Ecke   Dienstag   Rock
Liebe   Computer   Hackfleisch
frühstücken   Coca-Cola   studieren

☐ Hallo, Marco. Es geht mir nicht gut.
☐ Dann gute Besserung!
☐ Ich bin erkältet und habe Fieber.
1 Hallo, Jan. Wie geht es dir?
☐ Bist du krank?

Lieber Martin,
Leon ist krank. Wir gehen zum Arzt.
Du musst bitte Brot kaufen.
Wir sind um drei zu Hause.
Bis später,
Lena

	richtig	falsch
Lena ist krank.	☐	☐
Lena und Leon gehen zum Arzt.	☐	☐
Lena will Brot kaufen.	☐	☐

der Kinderarzt   die Zahnärztin   ~~die Grippe~~   der Augenarzt   die Frauenärztin
der Mund   der Zahn   das Auge   der Husten   die Nase   das Ohr
das Bein   der Fuß   das Rezept   der Rücken   der Hals   die Hand
der Husten   der Schnupfen   die Tablette   das Fieber   die Grippe

Nein, ich habe kein Fieber. • ~~Guten Tag, Herr Omrat. Was fehlt Ihnen?~~ •
Haben Sie Fieber? • Ich habe Kopfschmerzen und Halsschmerzen. •
Hier ist ein Rezept. Sie müssen die Tabletten nehmen und viel trinken. •
Ja, das mache ich. Vielen Dank. • Auf Wiedersehen und gute Besserung.

Dr. Stein: *Guten Tag, Herr Omrat. Was fehlt Ihnen?*
Herr Omrat: _____
Dr. Stein: _____
Herr Omrat: _____
Dr. Stein _____
_____
Herr Omrat: _____
Dr. Stein: _____

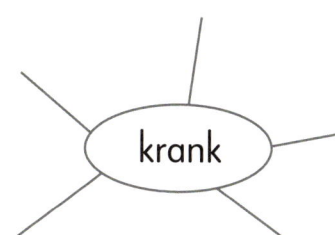

der Kopf

(Mensch)

die Bauchschmerzen

(krank)

 ich|komme|heutenichtIchbinkrankundgehezumArztIchrufeSiemorgenVormittagan.

Liebe Frau Schüssler,
ich komme _____ .
_____ .
_____ .

Viele Grüße
Farid Habib

| habe • bin • erkältet • musst • bleiben • Zahnarzt |

- Ich bin _____ .
- Ich _____ Zahnschmerzen.
- Ich _____ krank und habe Fieber.

- Du _____ viel trinken!
- Du musst zum _____ gehen!
- Du musst zu Hause _____ .

Das kann ich!

das Fieber	die Kopfschmerzen	die Halsschmerzen	die Bauchschmerzen	der Schnupfen	der Husten
die Grippe	die Hausärztin	der Augenarzt	der Zahnarzt	der Kinderarzt	die Frauenärztin
die Sprechzeiten	die Tablette	das Rezept	das Knie	der Hals	der Rücken
der Finger	der Computer	der Radiergummi	das Stück	die Packung	Viertel vor drei
das Tier	der Rock	die Erkältung			
siegen	fliegen	kriegen	liegen	warten	
bleiben	wiederkommen	frühstücken	telefonieren	spazieren gehen	
erkältet	viel	hier			
sie Sie	die	wie	Auf Wiedersehen	geschieden	der Dienstag

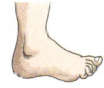 der Fuß

14 ß Qu X Y

heißen   Taxi   Gruß   Hobby   Fußball   bequem
Alexander Yoga   Quadratmeter   dreißig   Praxis   Handy
Quark   schließen   Großeltern   Party   überqueren   groß

● Entschuldigung, wie komme ich zum Krankenhaus?
■ Sie müssen bis zur Kreuzung und dann nach links gehen.
  Dann weiter geradeaus. Das Krankenhaus ist rechts.

● Entschuldigung, wie komme ich zur Post?
■ Sind Sie zu Fuß oder mit dem Auto?
● Zu Fuß.
■ Zu Fuß ist das zu weit. Sie müssen mit
  der U-Bahn bis zur U-Bahn-Station
  Karlsplatz fahren. Sie fahren zehn Stationen.
● Vielen Dank.

	richtig	falsch
Der Mann will zur Post.	☐	☐
Er will mit dem Auto fahren.	☐	☐
Er muss zehn Minuten fahren.	☐	☐

✏️ die Wohnung ____ und ____ m²
____ und ____
____ und ____
____ und ____

✏️ **Wohin?** _zur_ Bank   _zum_ Bahnhof   ____ Krankenhaus   ____ Post   ____ Supermarkt
Wie? _mit dem_ Taxi   _mit der_ U-Bahn   ____ Bus   ____ S-Bahn   ____ Fuß

✏️ d___ P___p___tz   d___ B___h____lle

d___ A_____   d___ K_____ng

✏️ Sie müssen ↱ _____ gehen. Dann müssen Sie ↑ _____
bis zur Ampel und dann ↰ _____ gehen.

- ☐ • Gut, ich muss zuerst nach links gehen und dann geradeaus.
- 1 • Entschuldigung, wie komme ich zur Post?
- ☐ • Vielen Dank!

- ☐ ■ Sie müssen nach links gehen und dann geradeaus bis zur Ampel.
- ☐ ■ Bitte.
- ☐ ■ Ja, richtig. Dann nach rechts und dort sehen Sie die Post.

• Wohin _____ ? ■ Ich fahre zum Deutschkurs.
• Fährst _____ ? ■ Nein, ich fahre nicht mit dem Bus.
• Wie lange _____ ? ■ Ich fahre zwanzig Minuten.

Alex • heute • einkaufen • muss.

mit der U-Bahn • Er • zuerst • fährt.

muss • Dann • er • zu Fuß • gehen.

in der Stadt — die Straße

das Fahrrad — Verkehrsmittel

1 das Taxi ~~der Fuß~~ der Zug das Fahrrad
die Stadt die Straße das Handy das Haus
die Ampel die Bank die Apotheke der Supermarkt
nach rechts geradeaus nach links weit

2 Jan muss zum _____ fahren. Er fährt mit

dem _____ und mit der _____ . Dann geht er

noch zehn Minuten _____ . Er geht _____ ↑ und dann

_____ ↱ . Dort ist das _____ .

3 Schreiben Sie die Antwort.
• Wann müssen Sie morgen aufstehen? ▪ Ich m_____.
• Was wollen Sie heute Abend machen? ▪ Ich w_____.

1 das Taxi   ~~der Fuß~~   der Zug   das Fahrrad
die Stadt   die Straße   ~~das Handy~~   das Haus
~~die Ampel~~   die Bank   die Apotheke   der Supermarkt
nach rechts   geradeaus   nach links   ~~weit~~

2 Jan muss zum <u>Krankenhaus</u> fahren. Er fährt mit dem <u>Bus</u> und mit der <u>U-Bahn</u>. Dann geht er noch zehn Minuten <u>zu Fuß</u>. Er geht <u>geradeaus</u> ↑ und dann <u>nach rechts</u> ↱. Dort ist das <u>Krankenhaus</u>.

3 Schreiben Sie die Antwort.
- Wann müssen Sie morgen aufstehen?   ■ Ich <u>muss morgen um sieben Uhr aufstehen</u>.
- Was wollen Sie heute Abend machen?   ■ Ich <u>will heute Abend fernsehen</u>.

Das kann ich!

die Post	die Kreuzung	die Ampel	die Straße	das Taxi	die U-Bahn
die S-Bahn	der Parkplatz	der Bahnhof	die Bushaltestelle	die U-Bahn-Station	
die Bank	der Quadratmeter	das Handy	der Fuß	die Qualle	
zu Fuß	wohin	weit	geradeaus	nach rechts	nach links
weiß	groß	mit	der Bus	der Zug	die Straßenbahn
der Platz	das Krankenhaus	die Polizei	die Apotheke	das Café	der Supermarkt
wohin	dort	brauchen	der Termin	der Zoo	

ALPHAPLUS KOMPAKT

Übungsheft Alphabetisierungskurs
für Zweitschriftlernende | Deutsch als Zweitsprache

Im Auftrag des Verlages erarbeitet von Peter Hubertus und Vecih Yaşaner

In Zusammenarbeit mit der Redaktion: Anita Grunwald, Andrea Mackensen

Illustrationen: Matthias Pflügner
Umschlaggestaltung: EYES-OPEN, Berlin und Anna Bakalović, Buchgestaltung+, Berlin
Layout und technische Umsetzung: Anna Bakalović, Buchgestaltung+, Berlin

Soweit in diesem Lehrwerk Personen fotografisch abgebildet sind und ihnen von der Redaktion fiktive Namen, Berufe, Dialoge und Ähnliches zugeordnet oder diese Personen in bestimmte Kontexte gesetzt werden, dienen diese Zuordnungen und Darstellungen ausschließlich der Veranschaulichung und dem besseren Verständnis des Inhalts.

www.cornelsen.de

1. Auflage, 3. Druck 2024

Alle Drucke dieser Auflage sind inhaltlich unverändert und können im Unterricht nebeneinander verwendet werden.

© 2018 Cornelsen Verlag GmbH, Berlin

Das Werk und seine Teile sind urheberrechtlich geschützt. Jede Nutzung in anderen als den gesetzlich zugelassenen Fällen bedarf der vorherigen schriftlichen Einwilligung des Verlages. Hinweis zu §§ 60a, 60b UrhG: Weder das Werk noch seine Teile dürfen ohne eine solche Einwilligung an Schulen oder in Unterrichts- und Lehrmedien (§ 60b Abs. 3 UrhG) vervielfältigt, insbesondere kopiert oder eingescannt, verbreitet oder in ein Netzwerk eingestellt oder sonst öffentlich zugänglich gemacht oder wiedergegeben werden. Dies gilt auch für Intranets von Schulen und anderen Bildungseinrichtungen.

Druck: AZ Druck und Datentechnik GmbH, Kempten

ISBN 978-3-06-521297-7

PEFC-zertifiziert
Dieses Produkt stammt aus nachhaltig bewirtschafteten Wäldern und kontrollierten Quellen
PEFC/04-31-2260 www.pefc.de

Abbildungsverzeichnis

Die Platzierung der Fotos wird jeweils mit Seitenzahl angegeben. Die Nennung erfolgt, wenn nicht anders angegeben, von links nach rechts.

Umschlag: ClipDealer/Karl-Heinz Spremberg; Shutterstock/360b; Deutscher Apothekerverband (DAV) e.V.; Shutterstock/Heiko Kueverling; Fotolia/ClaraNila; ClipDealer/YorkBerlin; de.photographie; Bjoern Wylezich; Deutsche Bahn AG/Volker Emersleben; Shutterstock/Vedmed85; Fotolia/fovito; **S. 4** MAN Truck & Bus AG, München; ALDI Einkauf GmbH & Co. oHG, Essen; Lidl Deutschland; Daimler AG, Stuttgart; Deutsche Lufthansa AG, Frankfurt; adidas AG, Herzogenaurach; **S. 8** Fotolia/2010 Robyn Mackenzie; Fotolia/Scanrail; Shutterstock/gualtiero boffi; Shutterstock/Iakov Filimonov; Fotolia/Picture Partners; Shutterstock/Madlen; **S. 14** Fotolia/VASILYEV ALEXANDR; Fotolia/Gpoint Studio; Fotolia/contrastwerkstatt; Fotolia/ Fotoagentur WESTEND61; **S. 16** Shutterstock/Vladitto; Colourbox/Phovoir; Fotolia/Peter Atkins; Shutterstock/Alexander Raths; **S. 27** Fotolia/contrastwerkstatt; Fotolia/lunaundmo; Fotolia/lev dolgachov; Fotolia/ thodonal; **S. 47** Fotolia/Jacek Chabraszewski; Fotolia/VALERY SIDELNYKOV; Fotolia/Korta; Fotolia/Kzenon; Shutterstock/Antonio Guillem; Shutterstock/George Rudy; **S. 48** Fotolia/Monkey Business; **S. 53** Fotolia/Sam Shapiro; Fotolia/simonwhitehurst; Fotolia/georgerudy; Fotolia/ Minerva Studio; **S. 54** Illustration unter Verwendung von: Fotolia/terex (Mantel); Shutterstock/Maffi (Bluse); Fotolia/GeoM (Socken); Fotolia/Andrey Armyagov (Hemd); Fotolia/Vasina Nazarenko (Schuhe); Colourbox (Kleid), Fotolia/Aleksandr Lobanov (Herrenschuhe); Shutterstock/elenovsky (Pullover); Fotolia/Elnur (Lederjacke); Fotolia/vinzstudio (Tshirt); Fotolia/terex (Bluse/Rock); Fotolia/ eightstock (Pullover); Fotolia/demidoff (Hose); **S. 63** Fotolia/patrice lucenet; **S. 67** Fotolia/sester1848; Fotolia/reeel; Fotolia/Gina Sanders; Fotolia/Marco2811.